Filosofía para principiantes

Cómo comprender los fundamentos de la filosofía tan fácilmente como un juego de niños y aplicarlos con éxito en tu vida cotidiana mediante ejercicios prácticos.

Jakob Schröter

CONTENIDO

Qué puedes esperar de este libro

Filosofía: el término suena fascinante, hermoso, de algún modo romántico y armonioso y, al mismo tiempo, como un gran esfuerzo intelectual. Sin embargo, en realidad la filosofía no es ni especialmente romántica ni especialmente agotadora.

Es cierto que hay que usar el cerebro, y quizá algunas cosas estén más allá del sentido común normal, pero básicamente la filosofía no es más que interesarse por las personas y el mundo. La imagen que uno tiene en la mente de los antiguos filósofos griegos paseando con sus largas túnicas bajo el sol ateniense mientras intercambian pensamientos puede parecer romántica, pero a menudo trataban temas serios y muchos no sólo

hacían amigos con sus pensamientos, a veces revoluci-
onarios.

Sin embargo, la filosofía no es en absoluto "algo viejo", sino una ciencia humana que ha recorrido el desarrollo de la humanidad desde la antigüedad y ha creado decisivamente la sociedad en la que vivimos hoy. Además, los temas centrales de la filosofía son tan relevantes hoy como entonces y pueden aportar una valiosa contribución al mundo y a cada individuo para desarrollarse positivamente.

En esta guía, me gustaría darte una primera visión del gran tema de la filosofía y también acercarla a ti de forma práctica. Tras explicarte qué es exactamente la filosofía y de qué trata, me gustaría presentarte no sólo algunas corrientes filosóficas importantes y la sabiduría de los filósofos, sino también darte algunos ejercicios y consejos para ayudarte a integrar la filosofía en tu vida.

Por amor a la sabiduría

¿Te has preguntado alguna vez cómo podría hacerse el mundo más justo, qué está bien y qué está mal, o qué comportamiento es moralmente correcto o incorrecto? ¿Piensas a veces si existe un Dios o un plan superior según el cual se desarrollan los acontecimientos del mundo? ¿Te preocupa la importancia de la naturaleza, qué es el amor o cuál es el sentido de la vida? ¿O te preguntas qué es lo que realmente importa en la vida, qué es la felicidad y cómo alcanzarla? Esto significa que reflexionas sobre el mundo y sobre tu propia vida, de modo que no te limitas a aceptarlo todo sin cuestionarlo. Esto es muy bueno, aunque pueda darte dolor de cabeza más a menudo, porque significa que utilizas tu mente y, por tanto, ya eres un pequeño filósofo. Tal vez ya te hayas dado cuenta de ello y por eso hayas comprado este libro para ampliar tu pensamiento, o esperas encontrar respuestas a tus preguntas a través de la sabiduría de filósofos más antiguos y conocidos.

Ambas cosas son posibles, pero esto de entrada: filosofía significa "amor a la inteligencia", no "inteligencia" en sí. Así que en este libro encontrarás muchos pensamientos con los que podrás responder a tus preguntas si lo deseas, pero que son principalmente sugerencias para pensar por ti mismo.

Porque "amor a la sabiduría" significa que vas en busca de sabiduría, pero no necesariamente que encuentres respuestas definitivas. Con cada pensamiento, sin embargo, te vuelves un poco más sabio y por eso te invito a sumergirte en el mundo de la filosofía, a llevarte contigo viejos pensamientos y a desarrollar otros nuevos a partir de ellos.

¡Disfruta leyendo, aprendiendo y filosofando!

Conceptos básicos de filosofía

¿Qué hay que hacer para ser filósofo? En realidad no mucho: sólo pensar. Básicamente, lo que haces todo el tiempo de todos modos. Sin embargo, hay una diferencia con el pensamiento "normal", porque éste suele ocuparse de cosas cotidianas innecesarias, como qué comprar, qué ropa ponerte para una fiesta o por qué no le caes bien a tu colega. El pensamiento filosófico, en cambio, significa cuestionar el mundo y pensar en las cosas de la vida que realmente cuentan.

Aunque esto suene muy intelectual, me gustaría afirmar que casi todo el mundo ha filosofado alguna vez. Porque por complicadas que puedan parecer (o ser) algunas reflexiones filosóficas, suelen partir de una pregunta que forma parte de la vida cotidiana. El objetivo es la propia reflexión, y así es como los filósofos de los siglos y milenios pasados se han dado codazos, cuestionado y desarrollado una y otra vez.

¿QUÉ ES LA FILOSOFÍA?

La filosofía trata de la vida y de todo lo que constituye e influye en el ser humano y en la convivencia humana.

Pero más allá de eso, también trata del comportamiento correcto en relación con el mundo, de las conexiones lógicas de los acontecimientos del mundo y del propio pensamiento. La virtud, la ética, la moral y la lógica son aspectos centrales de toda filosofía. El empeño de la filosofía es, pues, comprender mejor todo lo que ocurre en nosotros y a nuestro alrededor y encontrar el camino "correcto" para las propias acciones. Los temas van desde la propia existencia física hasta la felicidad, la justicia, la ciencia, la religión y el universo. Ejemplos de cuestiones filosóficas son

¿Qué es el amor?
¿Qué es la felicidad?
¿Qué es la justicia?
¿Qué es la libertad?
¿Por qué morimos?
¿Adónde vamos cuando morimos?

¿Existe el destino?

¿Qué podemos saber?

¿Hay un significado más elevado para lo que está ocurriendo?

¿Es ético comer carne?

¿Dónde está el fin del universo?

¿Existen dimensiones paralelas?

¿Existen realmente las cosas o todo es pura imaginación?

¿Quién puede gobernar a los demás?

¿Por qué pensamos?

¿Qué es moralmente correcto e incorrecto?

¿Cómo están conectados el cuerpo y la mente?

¿Existe Dios?

¿Pueden los seres humanos interferir en la naturaleza?

¿Cuál es el sentido de la vida?

Éstas son sólo algunas de las innumerables preguntas posibles que se plantean en filosofía. Según Immanuel Kant, las preguntas básicas son:

¿Qué puedo saber?
¿Qué debo hacer?
¿Qué puedo esperar?
¿Qué es el ser humano?

Y, en consecuencia, los temas básicos de la filosofía son la metafísica, la ética, la religión y la antropología. Se trata de un desarrollo posterior de los temas de la antigüedad griega, en los que la virtud, la verdad y la naturaleza en particular desempeñaban un papel central.

Básicamente, cualquier cosa puede convertirse en una pregunta filosófica si la cuestionas. Un ejemplo sencillo de cómo se utiliza en las clases de filosofía es la pregunta: "¿Queda mostaza en la nevera?". Aquí uno piensa al principio: ¿Qué tiene esto de filosófico? La mostaza está o no está, dependiendo de si la has comprado o ya la has consumido. En un segundo momento, se trata de un problema filosófico, porque ¿cómo puedes saber que la mostaza está en la nevera si la puerta está cerrada? Las respuestas "sí" o "no" presuponen que puedes saber lo que hay en un lugar que no puedes ver en ese momento. Pero, ¿cómo lo sabes? Sólo sabes que la mostaza estaba allí (o no) la última vez que miraste en la nevera. Pero, ¿quién te dice que alguien no se ha llevado la mostaza o se la ha comido mientras tanto? ¿Y cómo sabes siquiera que lo que no ves ahora existe en ese momento?

En el pensamiento humano están fundamentalmente ancladas ciertas normas sobre cómo tiene que ser o definirse algo. Estas normas se forman en las personas a través de la educación y los contextos sociales, culturales y religiosos, y pasan a formar parte de su propio pensamiento, de modo que las perciben como evidentes e irrevocables. La filosofía va más allá de los límites de estas normas, las cuestiona críticamente y las anula. Si algo se cuestiona filosóficamente, se disuelve en la nada, porque no hay una respuesta concreta e irrefutable. Al final, como muy tarde, surge la pregunta: ¿Pero cómo sabemos que realmente es así?

Por tanto, el objetivo de la filosofía no es encontrar una respuesta universalmente válida a la cuestión planteada en cada caso, sino relativizar la norma existente, desencadenar el proceso de pensamiento y encontrar la propia respuesta (momentáneamente) correcta para uno mismo. Para ello, el filósofo utiliza su intelecto, es decir, intenta ampliar su comprensión del tema en cuestión de forma racional y con un pensamiento lógico.

ÉPOCAS Y CORRIENTES EN FILOSOFÍA - UNA VISIÓN GENERAL

Como una de las primeras ciencias, la historia de la filosofía se remonta a la época de la antigüedad, es decir, unos siglos antes del nacimiento de Cristo. Lo que resulta especialmente interesante es que en esta época surgieron corrientes filosóficas simultáneamente en diferentes culturas, cada una de las cuales desarrolló un gran poder en su propia esfera cultural, e independientemente unas de otras en Grecia, China, India, Persia e Israel. Esto se conoce como el "Periodo Eje de la historia mundial". En la antigüedad griega, la filosofía y las ciencias naturales estaban estrechamente vinculadas, de donde procede el término "madre de las ciencias", mientras que en Oriente existía a veces una fuerte conexión con la religión.

Al final de la antigüedad, sin embargo, las corrientes de la filosofía ya se habían desvanecido y nada, o prácticamente nada, siguió en Europa durante mucho tiempo, después de que el cristianismo, al que en un principio se oponían, se convirtiera en la religión del estado en el Imperio Romano, que al final también gobernaba Grecia, entre otros lugares. Aunque en realidad el cristianismo transmite el mensaje de la caridad, la igualdad y la tolerancia, en la Edad Media se utilizó indebidamente como instrumento de poder.

En la Edad Media, la Iglesia cristiana dominaba al pueblo, la fe asumía el papel supremo en la sociedad. El gobierno del rey o del emperador también derivaba de la voluntad de Dios. Cualquiera que afirmara lo contrario era considerado un "hereje" y era ejecutado. Existía la filosofía, pero no se cuestionaba nada, sino que se confirmaba el poder de la Iglesia.

La filosofía quedó así degradada a instrumento de la teología. En la época escolástica (siglos IX al XIV), se plantearon cuestiones filosóficas y se sopesaron críticamente los pros y los contras, pero sólo en la medida en que lo permitían los límites de la fe. Tomás de Aquino, en particular, llegó a la conclusión de que la fe y la razón no eran contradictorias, pues ambas procedían de Dios, y que Dios establecía la ley suprema, que constituía el marco de la ley natural y, por tanto, también de la razón humana. Sin embargo, también se refirió al antiguo filósofo Aristóteles y a las virtudes, como la justicia, la fortaleza y la templanza, que constituían un aspecto importante de la filosofía griega.

Hacia el final de la Edad Media, las clases medias se fortalecieron y los individuos se atrevieron cada vez más a desarrollar su propio pensamiento.

En el humanismo (ca. 1400 a 1600), filósofos como Petrarca y Erasmo de Rotterdam volvieron la mirada a la Antigüedad y, en su espíritu, exigieron que el hombre desarrollara una educación integral, sensibilidad estética, sinceridad y autoconfianza política. En adelante, sólo la razón y la experiencia debían servir al conocimiento, de modo que disminuyera la influencia de la autoridad eclesiástica o estatal sobre el pensamiento.

Este cambio filosófico también revolucionó la ciencia; por ejemplo, Nicolás Copérnico y Galileo Galilei investigaron el universo y establecieron que la Tierra giraba alrededor del Sol, y no el Sol alrededor de la Tierra, como había propagado anteriormente la Iglesia.

La siguiente gran revolución en la visión del mundo tuvo lugar en el Siglo de las Luces, cuando, entre otras cosas, se desarrolló la idea del Estado moderno a partir del valor de la libertad. Así pues, el mundo libre en el que vivimos hoy se lo debemos a la filosofía.

En la era moderna, ha habido y sigue habiendo muchos filósofos que desarrollan los pensamientos de las corrientes filosóficas anteriores en relación con el mundo, la sociedad y la vida humana. En este periodo, la filosofía insta principalmente a la modestia, ofrece caminos para la propia felicidad y reclama la igualdad para todos, especialmente para mujeres y hombres.

En el curso posterior de la guía, te presentaré con más profundidad las corrientes filosóficas más importantes y sus pensadores.

La filosofía como ciencia y guía personal

La filosofía no es sólo una asignatura escolar que se ofrece como alternativa a la religión, sino también un curso universitario de humanidades. Sin embargo, lo tiene difícil como "ciencia", porque los críticos argumentan que difiere fundamentalmente de otras ciencias tanto en el ámbito de sus temas como en su metodología.

Otras ciencias se ocupan de un espectro concreto de temas, mientras que la filosofía se ocupa de todo lo que entra dentro de los ámbitos de las demás ciencias y le da la vuelta cuestionándolo. Además, según la corriente, no trabaja con pruebas y hechos como las demás ciencias, sino sólo con pensamientos y, en consecuencia, sólo crea puntos de vista y no hechos.

Sin embargo, es la "madre de las ciencias", porque a excepción del derecho, la teología y la medicina, todas las demás ciencias se han desarrollado a partir de ella. Sin la filosofía, por tanto, casi no habría ciencias, porque carecerían de la razón de su existencia. En el principio estaban las preguntas, y con diversos métodos se empezaron a buscar respuestas científicas a partir de ellas. Si se dijera que la filosofía no es una ciencia, se privaría a las demás ciencias de su fundamento. Porque, ¿qué sentido tiene investigar si no se buscan respuestas? Y si se buscan respuestas, se trata de nuevo de filosofía.

Como una de las ciencias más antiguas, tiene su razón de ser sobre todo porque es la única que tiene el poder de abrirnos los ojos a la virtud, la moral y la justicia, ya que no se limita a aceptar los hechos y las normas como tales. Las ideas filosóficas han sido la causa de cambios fundamentales varias veces en la historia, como la Revolución Francesa o la abolición de la esclavitud, y constituyen una base importante para nuestros valores y estructuras sociales. Por ejemplo, sin filosofía probablemente no habría democracia, ni libertad e igualdad para todos los ciudadanos, ni sistema social.

Sin embargo, para llamarse "filósofo" no es necesario haber estudiado filosofía. Más bien, cualquiera puede ser filósofo si se atreve a ir más allá de los límites anteriores de su pensamiento.

Sin embargo, la filosofía no sólo existe por "amor al ingenio" (que es la traducción literal del término "philosophia") y como medio de mejorar el mundo para la comunidad de personas y para el entorno natural, sino que ofrece a cada individuo posibilidades de hacer su vida más feliz, de encontrar su sentido personal en la vida y de ampliar sus horizontes. A través de la filosofía puedes llegar a ser más equilibrado y ganar fuerza interior, de modo que puedas vivir una vida más libre de estrés y alcanzar mejor tus objetivos. Reflexionando sobre la vida y el mundo, puedes darte cuenta de lo que realmente importa y ser así más feliz, pues dejas de preocuparte por nimiedades y de luchar por cosas que no tienes. También aprendes a ver el mundo como un todo y a contemplar los acontecimientos desde distintos ángulos, de modo que te das cuenta de que la mayoría de las cosas no son tan malas como te parecen.

Además, abres los ojos a zonas del mundo más allá de tu propio entorno y piensas en lo que es importante para la sociedad y el medio ambiente en su conjunto. De este modo, no sólo estimulas tu materia gris, sino que también desarrollas ideas sobre cómo mejorar el mundo y el deseo de hacer tú mismo una contribución significativa al mismo. De este modo, la filosofía a su vez también te ayuda a ti mismo, porque por un lado haces que el mundo en el que vives sea un poco mejor, y por otro aumentas tu autoestima.

En última instancia, la filosofía no sólo te mueve a pensar y actuar con inteligencia, sino que, si empiezas a pensar en ella, puedes transmitirla a otras personas, como hicieron los filósofos famosos, para que también utilicen su mente y su trabajo para crear un mundo mejor. En los capítulos siguientes encontrarás algunas sugerencias y sabiduría filosófica; después te daré algunos ejercicios y consejos directamente aplicables a tu vida filosófica cotidiana.

Antigüedad griega

En Grecia, a partir del siglo VII/VI a.C., surgió el primer sistema cultural europeo completo, en el que formaban una unidad el arte, la música, la arquitectura, la historia, la literatura, la mitología y diversas ciencias como las matemáticas, la astronomía, la geografía, la biología y la física.

Como los antiguos griegos eran navegantes y comerciantes, conocieron otras culturas, como Babilonia y Egipto, donde ya existían culturas avanzadas con grandes conocimientos. Los griegos desarrollaron aún más estos conocimientos, lo que ocurrió en particular a través de los filósofos. La filosofía gozaba de gran reconocimiento en la época y era en lo que se basaba casi todo en la sociedad y la ciencia. Toda la época de la filosofía greco-antigua duró sólo unos 500 años y, sin embargo, en ella se desarrolló un amplísimo abanico de teorías y conocimientos filosóficos, tan bien fundamentados que han influido en todos los filósofos de épocas posteriores y constituyen los cimientos de nuestra sociedad.

En este periodo de origen de la filosofía europea, el ser, la verdad, el conocimiento, la naturaleza del hombre y su destino moral eran los temas centrales. El "destino moral" significa el bien, la virtud, el alma y la felicidad. Esto se resumía en la "aletheia", que significa inconfesabilidad. Las ciencias naturales ocupaban un lugar importante dentro de la filosofía, o varios filósofos eran también científicos naturales.

Sin embargo, no es tan fácil generalizar, porque hubo distintas épocas dentro de la filosofía griega antigua y distintos puntos de vista entre los respectivos filósofos. Además, se especializaron en distintas áreas, es decir, uno se ocupó más del lenguaje, otro más de la lógica, un tercero más de la ética y otro más de cuestiones jurídicas. En su mayoría se ocupaban o bien de las ciencias naturales o bien de las humanidades, pero había unos pocos que tenían un gran talento en ambos campos. Entre ellos están Pitágoras y Aristóteles, por ejemplo.

PRESOCRÁTICOS

La filosofía griega comenzó con el periodo presocrático, que (como puede verse fácilmente) toma su nombre del hecho de que se refiere a la filosofía anterior a la época de Sócrates. Sócrates fue considerado el primer gran filósofo mundial que revolucionó el pensamiento, de modo que todo lo anterior a él se considera meramente "presocrático".

Los presocráticos se ocupaban principalmente del cosmos y sus leyes, del alma y de las leyes de la naturaleza. Pitágoras no sólo se ocupaba de las fórmulas matemáticas, sino que también desarrolló la idea de que el alma y no el cuerpo era la verdadera esencia del hombre. En su opinión, el alma está contaminada por lo físico y, por tanto, el hombre debe trabajar para que su alma sea pura. Empédocles sostenía la opinión de que los cuatro elementos de agua, tierra, fuego y aire son movidos por el amor y el odio, es decir, que basándose en que los cuatro elementos son la base de la naturaleza y de nuestra vida, el amor y el odio tienen el poder sobre cómo se desarrolla todo.

Demócrito estudió los átomos y llegó a la conclusión de que el alma también está hecha de átomos. Heráclito creía que nada puede existir sin su opuesto, por ejemplo, el calor no puede existir sin el frío, la paz no puede existir sin la guerra y el amor no puede existir sin el odio. Por tanto, sostenía que la lucha era una parte necesaria de la vida y, además, incluso el origen del mundo.

También declaró que el logos era la ley suprema que regía el mundo y que, por tanto, la sabiduría consistía en reconocerla. En filosofía, "logos" significa razón o pensamiento racional; la palabra "lógica" deriva de este término. Heráclito, sin embargo, amplió la comprensión del logos hasta el punto de que debía entenderse como un "principio del mundo", es decir, el orden fundamental y superior según el cual funciona todo en el mundo y en el cosmos. Finalmente, sin embargo, fueron los sofistas del entorno de Pitágoras quienes, con su relativismo y escepticismo, volvieron a cuestionarlo todo. Llegaron a la opinión de que el hombre era la "medida de todas las cosas" y que había dos afirmaciones contradictorias sobre cada cosa. El ser se considera subjetivo y cambiante, porque se duda de todo lo que va más allá del ser humano.

> **Sabiduría para llevar**
> "En la medida en que intervenimos en la naturaleza, debemos tener estricto cuidado de restablecer su equilibrio". (Heráclito)
> "A todos los hombres les es dado conocerse a sí mismos y ser sabios". (Heráclito)

"Lo mejor para el hombre es vivir la vida lo más posible en la tranquilidad y lo menos posible en el disgusto. Esto puede lograrse si uno no busca su placer en lo pasajero". (Demócrito)

"El envidioso se daña a sí mismo como a un enemigo". (Demócrito)

"Hay que permanecer en silencio o decir cosas que sean aún mejores que el silencio". (Pitágoras)

"La voluntad está entronizada como el poder rector del destino". (Pitágoras)

ÉPOCA CLÁSICA

La parte más importante de la filosofía antigua es el periodo clásico, entre el 427 y el 347 a.C. Los temas principales eran la virtud, la ética, la razón, la justicia y la libertad. Entre la multitud de filósofos, destaca el trío formado por Aristóteles, Sócrates y Platón. Platón fue discípulo de Sócrates y Aristóteles discípulo de Platón, pero mantuvieron puntos de vista en parte diferentes. En conjunto, se les considera los tres grandes de la filosofía y merecen ser considerados individualmente.

Sócrates (469 a 399 a.C.) fue un filósofo laico que se interesó por el hombre y la sociedad. Las preguntas que le guiaban eran ¿Qué es el hombre? ¿Qué debe hacer para actuar bien? ¿Qué debe hacer por sus conciudadanos y su comunidad estatal? ¿Qué no debe hacer?

En las plazas de Atenas enseñaba su filosofía, por la que también se granjeó enemigos. No se andaba con rodeos y acusaba a los políticos, por ejemplo, de haberse apropiado de sus cargos por derecho de nacimiento o por su situación económica. Por ello, fue condenado a muerte con el pretexto de que seducía a la juventud y cometía blasfemias. Se sometió a esta condena, aunque sus amigos querían liberarle de la cárcel, porque se mantuvo firme en su filosofía y quiso defenderla hasta el final. En el origen de su teoría del conocimiento estaba la lectura de una inscripción del Oráculo de Delfos: "¡Conócete a ti mismo!". La base de su enseñanza es, por tanto, el empeño en que las personas reconozcan lo que es correcto desde dentro de sí mismas (y no sean persuadidas para ello, como hacían los sofistas). Sólo así actuarían también correctamente. Llamó a este enfoque "mayéutica", que deriva de la palabra griega "comadrona" (la profesión de su madre), porque su filosofía era la comadrona del conocimiento de las personas.

Los temas centrales del conocimiento eran la virtud y el bien, porque en su opinión (y en la de muchos otros filósofos) éste es el único camino hacia la bienaventuranza.

Sabiduría para llevar

"La persona inteligente aprende de todo y de todos, la persona normal aprende de sus experiencias y la persona estúpida lo sabe todo mejor".

"Recuerda siempre que todo es pasajero; entonces no estarás demasiado feliz en la felicidad ni demasiado triste en la tristeza".

"Si quieres mover el mundo, primero debes moverte a ti mismo".

"Sólo es sabio quien sabe que no lo es".

"La historia no termina con nosotros".

"La acción correcta sigue al pensamiento correcto".

Platón (427 a 347 a.C.) desplazó la mirada del hombre hacia lo eterno, que lo trasciende. En su opinión, existen "ideas eternas" y "verdades eternas" que existen independientemente del hombre y de este mundo, es decir, leyes cósmicas, sobrenaturales.

Según Platón, estas ideas y verdades eternas deben estar presentes en todo ser humano porque están en la naturaleza del alma. La mayoría de la gente no es consciente de ellas, pero pueden descubrirse mediante la introspección. A partir de estas ideas y verdades eternas, desarrolló visiones para un orden estatal, jurídico y social en el que prevalecieran la justicia, la convivencia social y la autodeterminación de los ciudadanos. Tras la ejecución de su maestro Sócrates, el hijo del aristócrata Platón viajó a varios países, por ejemplo Egipto, y fundó la Academia a su regreso. Se trataba de un barrio situado a unos 1.600 metros de Atenas, que era a la vez un parque y un lugar de enseñanza y culto, y al que sólo eran admitidos los hijos de los aristócratas. No era una universidad en el sentido moderno, pues no había reglamentos fijos, pero sí una amplia gama de estudios, como astronomía, matemáticas, biología y teoría política, además de filosofía. Aristóteles también estudió aquí.

Platón enseñó allí su teoría de las ideas, según la cual todo lo que el hombre puede experimentar con los sentidos surge de una idea primordial. Estas imágenes primordiales eran espirituales e inmateriales, mientras que lo que podía experimentarse con los sentidos era sólo una imagen de la idea. Las ideas existen para las cosas físicas, como los árboles o las personas, pero también para los valores y principios, como la justicia o el bien. La idea del bien es la idea más elevada, que está por encima de todas las demás y en cuyo sentido debe tener lugar todo pensar y actuar. Según Platón, para alcanzar el conocimiento y, por tanto, la vida buena, hay que ascender de la realidad a las ideas. Lo equiparó a salir de una caverna.

La existencia del hombre es como una cueva bajo la tierra en la que la gente está atrapada y atada y sólo puede ver una pared de la cueva sobre la que se proyectan sombras de objetos por el fuego. Como las personas nunca han visto los objetos en sí, sino sólo sus sombras, piensan que esas imágenes son la realidad.

Cuando una persona es capaz de liberarse de los grilletes y mira a su alrededor, reconoce los objetos que proyectan las sombras. Entonces sale de la caverna, al principio le ciega la luz, de modo que vuelve a ver sólo sombras, pero luego se acostumbra y no sólo ve las cosas del entorno, sino también el sol. Para Platón, este último era el símbolo de las ideas y, por tanto, la razón más profunda del ser.

Con esta alegoría de la caverna, describió de forma muy vívida el proceso de pensar por uno mismo, que implica mucho esfuerzo y un gran riesgo, pero merece la pena. Según Platón, el mundo de las ideas es el origen de la realidad, pero ambos mundos existen paralelamente. Mientras que el mundo real, sensiblemente perceptible, es transitorio, el mundo de las ideas es inmutable y eterno.

Aristóteles (384 a 322 a.C.) tomó de nuevo una dirección diferente, considerando que el propósito de la filosofía era explorar el mundo de forma racional y científica. Separó el trabajo científico y el ideal filosófico, de modo que ambos dejaron de ser compatibles, y fue considerado inatacable con sus descubrimientos científicos durante casi dos milenios. Un aspecto en particular sigue dando forma a la ciencia actual, y es que la búsqueda de la verdad es el único fin en sí misma y no debe tener como objetivo defender prejuicios o formas de vida.

Sus puntos de vista y su modo de vida suelen parecer sobrios y sin emociones, e incluso se dice a menudo que no se preocupaba por los demás. De hecho, sostenía la opinión de que Dios no era materia, sino una entidad de pensamiento puro y que, por tanto, no debía contaminarse con cosas materiales.

Según él, la clase alta aristocrática tenía también la ventaja de dedicarse al estudio y no tener que ensuciarse las manos con el trabajo físico. Por otra parte, además de los escritos socráticos y platónicos, son sobre todo los suyos los que han establecido normas intemporales para la virtud y la moral. Para comprender este contraste, hay que saber que la virtud, según la definición de los antiguos griegos, implica la ausencia de pasión, porque las pasiones, según ellos, perjudican a la mente e impiden alcanzar la dicha.

Una vida virtuosa significa pensar y actuar racionalmente y renunciar a las distracciones emocionales y materiales, que conducen a decisiones equivocadas y a la insatisfacción. El camino hacia la felicidad consiste en vivir en armonía con la naturaleza y con la propia alma. Esto no significa que uno no pueda cuidar y amar a la gente, sino que no debe dejar que pasiones como la ira, la codicia, el miedo, la envidia o la tristeza obstaculicen su mente, su paz interior y su capacidad de juicio.

Aristóteles no era, pues, un filósofo especialmente desalmado, sino alguien que sabía controlarse especialmente bien y aplicar así sus propias enseñanzas sobre la virtud.

Sabiduría para llevar

"La amistad es una de las cosas más necesarias de nuestra vida. En la pobreza y en la desgracia, los amigos son el único refugio".

"Cubrir un error con una mentira es sustituir una mancha por un agujero".

"La alegría es la salud del alma".

"Si hubiera paz en la tierra, todas las leyes serían prescindibles".

"Quien prefiere la seguridad a la libertad es, con razón, un esclavo".

"La felicidad pertenece a los que son autosuficientes".

"El principio de toda sabiduría es el asombro".

"La naturaleza no hace nada en vano".

FILOSOFÍA HELENÍSTICA

A esto siguió la conquista de Grecia por Alejandro Magno y más tarde por Roma. La filosofía fue expulsada de la enseñanza pública y del reconocimiento estatal para pasar a la esfera privada, pero aún así surgieron de ella dos grandes corrientes, la Estoa y el

Epicureísmo. La Stoa fue fundada por Zenón de Kition, que comenzó a enseñar la Stoa Poikile hacia el año 300 a.C. en el pórtico ateniense que más tarde dio nombre a la corriente.

El epicureísmo se basa en el filósofo Epicuro. Ambas corrientes surgieron al mismo tiempo y son opuestas entre sí. Aunque ambas tenían como objetivo, en el sentido de toda la filosofía de la época, orientar la conducta de la vida hacia la sabiduría, lo hicieron con métodos opuestos.

Mientras que los epicúreos optaban por el "principio del placer", es decir, sentir placer y evitar el dolor, los estoicos rechazaban cualquier forma de afecto. La felicidad sólo podía alcanzarse renunciando a todas las pasiones, ya fueran positivas o negativas, porque, en última instancia, toda pasión, aunque hiciera feliz en ese momento, era un obstáculo en el camino hacia la virtud y, por tanto, hacia la felicidad, que sólo podía alcanzarse mediante la virtud. La Estoa, también conocida como Estoicismo, se ha convertido en una de las escuelas de pensamiento más influyentes y poderosas del mundo occidental, porque proporciona una forma de atravesar la vida con calma, de alcanzar la propia felicidad interior y de no dejarse sacudir por las crisis o los problemas.

La ética y la naturaleza desempeñan un papel decisivo en ello. Según Zenón, "cada aspecto de la naturaleza contiene una fuerza que, en última instancia, se dirige hacia el bien". El estoicismo sostiene que el hombre debe actuar según su propia naturaleza, que consiste en un comportamiento virtuoso, y entender su propia existencia como parte de la naturaleza del universo, que proporciona la estructura superior e infinita y a cuyo curso, por tanto, no hay que resistirse para encontrar la felicidad.

Lo único malo del mundo era la sinrazón, a la que, por tanto, había que vencer con la razón. Los filósofos romanos siguieron defendiendo las enseñanzas del estoicismo, pero apenas las desarrollaron más; cabe mencionar aquí especialmente a Lucio Anneo Séneca.

Sabiduría para llevar

"No en lo grande reside lo bueno, sino en lo bueno reside lo grande". (Zenón)

"El objetivo de la vida es una vida en armonía con la naturaleza". (Zenón)

"Infinito es el tiempo del pasado y del futuro; el tiempo del presente es limitado". (Zenón)

"No es feliz el que lo parece a los demás, sino el que se lo cree a sí mismo". (Séneca)

"Quien es pobre en deseos tiene la mayor riqueza". (Séneca)

"Si te sometes a la naturaleza, nunca serás pobre; si te sometes a la opinión, nunca serás rico". (Séneca)

"Quien se acerca al espejo para cambiar, ya ha cambi-
ado". (Séneca)
"No es porque sea difícil por lo que no nos atrevemos a
hacerlo, sino porque no nos atrevemos a hacerlo por lo
que es difícil". (Séneca)

Filosofía del Lejano Oriente

Aunque la mayoría de las filosofías de Oriente estaban estrechamente entrelazadas con las religiones de allí, en los últimos siglos antes de Cristo surgieron en China dos filosofías orientadas a la vida humana, el taoísmo y el confucianismo.

La tercera gran corriente de Extremo Oriente fue el budismo. Aunque éste, y en parte también el taoísmo, se entienden como una religión, ésta no era la intención original, por lo que aquí sólo nos ocuparemos del aspecto filosófico. Como en el caso de los antiguos griegos, la naturaleza, un modo de vida moralmente correcto y el equilibrio interior también desempeñan un papel central en estas tres cosmovisiones filosóficas, aunque las filosofías se desarrollaron independientemente unas de otras al mismo tiempo en distintos continentes y también aquí los pensamientos filosóficos ejercieron una influencia considerable y duradera en la sociedad.

TAOÍSMO

No se puede demostrar históricamente cuándo se originó exactamente el taoísmo (o daoísmo). Se supone que su desarrollo se remonta a mucho antes de su primer escrito conocido, en torno al 400 a.C. No obstante, el autor del Tao Te-King, Lao-tzu, es considerado el fundador del taoísmo.

Hay tantas especulaciones sobre Lao-tzu, cuyo nombre significa "viejo maestro", como sobre la historia del Tao. En cualquier caso, el Tao Te-King revela lo que significa el taoísmo: es una visión del mundo y una forma de vida que se supone que muestra a la gente el "camino" correcto. La traducción de "Tao" significa algo así como "el camino", aunque ninguna traducción se acerque a la totalidad del significado de la palabra. Pues el camino del Tao no es un camino como se conoce comúnmente, es decir, una ruta fija que tiene un principio y un final, sino el camino de la naturaleza y del ser.

Se pueden descubrir paralelismos con los filósofos griegos, especialmente Platón y los estoicos, porque se dice que el Tao representa el "fundamento primordial de todo ser", que es eterno, sin forma e inmutable. Por consiguiente, el Tao es el orden del mundo del que surge la creación de todas las cosas y seres y con el que hay que vivir en armonía para llevar una vida buena. Por ello, el Tao Te-King contiene consejos para diversos ámbitos de la vida, desde la salud a la política, pasando por el estilo de vida. Todas las acciones humanas deben realizarse respetando el curso de la naturaleza y en armonía con la ley universal. Sólo entonces se puede experimentar la virtud, la fuerza, la bondad y el orden, que a su vez llegan automáticamente a uno a través del Tao si se vive de acuerdo con él.

Los principios más importantes son el qi, la energía vital, y sus dos polos yin y yang. El yin y el yang se equiparan con cualidades opuestas, por ejemplo el yang representa la energía, el calor o el día, mientras que el yin representa la calma, el frío y la noche. Ninguno de los dos se considera malo. Aquí, como en Heráclito, la oposición también se considera una necesidad del ser, pero a diferencia de él, no se equipara con el conflicto, sino con la complementariedad.

El Tao también afirma que una cosa sólo existe o se hace reconocible a través de su opuesto, por lo que el Yin y el Yang, que se supone que se dan tanto en los humanos como en la naturaleza y en todo ser, deben estar equilibrados. Si hay un desequilibrio, toda la estructura se confunde, lo que se manifiesta en los humanos con enfermedades físicas o mentales y en la sociedad, por ejemplo, con injusticias o conflictos políticos.

Sabiduría para llevar

"Sólo el cariñoso es valiente, sólo el frugal es generoso, sólo el humilde es capaz de gobernar".

"Incluso la marcha más larga comienza con un primer paso".

"Rico es quien sabe que tiene bastante".

"Aprender es como remar contra la corriente. Si te detienes, vuelves a la deriva".

"Considera al mundo como tu Ser, ten fe en la Talidad de las cosas, ama al mundo como a tu Ser; entonces podrás ocuparte de todas las cosas".

"Si no quieres discutir, nadie puede discutir contigo".

"Saber que no sabes nada es lo máximo".

CONFUCIANISMO

El confucianismo se remonta al maestro del siglo V a.C. Kung Fu-tse (también Kong Fuzi u otras grafías), que trabajó como pastor y contable, entre otras cosas, antes de fundar una escuela donde enseñaba aritmética, escritura, música, tiro con arco, auriga y ritos.

No hacía diferencias entre sus alumnos según su estatus social, sino que transmitía estas artes a todos los que consideraba dignos, aunque en parte estaban reservadas a la nobleza. Sin embargo, no sólo les enseñaba estas actividades, sino que también les formaba como seres humanos, y éste era el verdadero enfoque y reto de su enseñanza. Pues sólo si los alumnos perfeccionaban las cinco virtudes -humanidad, moralidad, rectitud, sabiduría y honradez- podrían llegar a ser verdaderamente "nobles". El propio Confucio se esforzó durante toda su vida por llegar a ser perfecto en este sentido y tenía un listón muy alto para sí mismo.

A diferencia del taoísmo, las enseñanzas de Confucio son mundanas y pragmáticas; no existe un destino sobrenatural, sino que el orden natural surge de la responsabilidad del hombre consigo mismo, con los demás y con el medio ambiente. El comportamiento moralmente correcto, la no violencia y el bienestar del pueblo eran algunas de las principales preocupaciones de Confucio, cuyos pensamientos son, en este sentido, parcialmente similares a los de Sócrates. Además, creó una nueva imagen del hombre, pues reconoció que las acciones del hombre influyen en la sociedad y en la naturaleza. Para poder ejercer esta responsabilidad por el bien, el desarrollo de las virtudes era la base fundamental.

BUDISMO

Aunque el budismo se cuenta entre las religiones del mundo, existe una diferencia crucial con las demás religiones: Mientras que estas últimas especifican una fe

y un dios (o varios dioses) que los creyentes deben a-
dorar, el budismo no establece ninguna pauta.

Cada uno es libre de creer lo que quiera o no: ésta
era la idea de Buda, cuyo verdadero nombre era Sidd-
hartha Gautama, cuando desarrolló el Dharma (tradu-
cido "la enseñanza"), es decir, la filosofía budista, hacia
el año 500 a.C. El hijo de una familia noble, procedente
de Nepal, llegó a decir que uno debía examinar sus
enseñanzas como todo lo demás basándose en sus
propias experiencias y juzgar si quería creer que eran
correctas o incorrectas. El budismo sólo se convirtió en
una religión en la que el propio Buda es adorado como
un dios en gran parte de Asia tras la muerte de Buda
(al igual que Confucio fue declarado dios tras su
muerte).

Uno de los principios más elevados del budismo es
juzgar por la propia sabiduría y creer sólo en lo que
uno sabe que es correcto, así como vivir y actuar de
acuerdo con la ética. Para alcanzar esta sabiduría y virtud, la meditación se considera la forma más eficaz,
porque a través de ella se puede establecer la unidad de
cuerpo, mente y alma y así ser guiado por el camino
correcto por el propio ser interior.

El objetivo es la búsqueda de la felicidad, tanto
para uno mismo como para todos los demás seres vivos. Lo que se quiere decir aquí, como en el caso de los
filósofos de la antigüedad griega, no es la felicidad

material o emocional pasajera, sino que, como en el estoicismo y el taoísmo, la felicidad se considera el estado en el que uno se encuentra interiormente equilibrado, en armonía consigo mismo y satisfecho con su propia vida, independientemente de los bienes o placeres que tenga.

Sabiduría para llevar

"Si tienes un problema, intenta resolverlo. Si no puedes resolverlo, no lo conviertas en un problema".

"No hay camino hacia la felicidad. La felicidad es el camino".

"No te detengas en el pasado, no sueñes con el futuro. Concéntrate en el momento presente".

"Nunca en el mundo cesa el odio a través del odio. El odio cesa por el amor".

"Somos lo que pensamos. Todo lo que somos surge de nuestros pensamientos. Con nuestros pensamientos damos forma al mundo".

"El camino no está en el cielo. El camino está en el corazón".

"No creáis a las escrituras, no creáis a los maestros, tampoco me creáis a mí. Creed sólo en lo que vosotros mismos hayáis examinado cuidadosamente y hayáis reconocido que os sirve a vosotros y a vuestro bien."

"No hay que buscar la paz fuera de uno mismo, sólo dentro de uno mismo. Quien ha encontrado la quietud interior no se aferra a nada, ni desecha nada".
"Todas las personas son una. Lo que las distingue es el nombre que les das".

Siglo de las Luces

Aunque la sociedad europea de los siglos XVII y XVIII ya no estaba dominada por la Iglesia, de modo que la vida y, por tanto, la filosofía eran mucho más libres en comparación con la Edad Media, los reyes y emperadores gobernaban sobre pueblos que no tenían voz ni voto, y mucho menos libertades o derechos básicos garantizados. Durante esta época, el deseo de libertad y democracia se desarrolló en varios estados europeos.

Los llamados filósofos del Estado de la Ilustración cuestionaron el derecho a existir del gobierno absolutis tista, desarrollaron pensamientos sobre una reorganización política y, sobre todo, ilustraron a los ciudadanos de que tienen sus propias mentes, que deben utilizar para ordenar el Estado y la sociedad de la forma que mejor se adapte a sus ideas.

A partir de esta filosofía, se desarrollaron aspiraciones revolucionarias entre los ciudadanos, que en 1789 provocaron el fin de la monarquía y la introducción de un catálogo de derechos humanos y civiles en Francia, mientras que el absolutismo ilustrado se establecía en Austria, Prusia y Rusia, y una monarquía constitucional en Inglaterra.

Lo que tenían en común los movimientos de todos los países era que consideraban el gobierno de los gobernantes como un poder transferido por contrato del pueblo, buscaban la participación popular en el poder y querían dividir el poder estatal entre distintos órganos para que no se pudiera abusar de él. Dentro de esta época, hubo principalmente tres enfoques diferentes: el racionalismo, el empirismo y una síntesis de ambos.

RACIONALISMO

René Descartes es considerado el fundador del racionalismo, que revolucionó el pensamiento de su época al afirmar que se puede y se debe dudar de todo. Sólo así se puede ser un ciudadano y un ser humano responsable e impedir que los regímenes autoritarios tengan un poder ilimitado. Según Descartes, sólo hay una cosa de la que no se puede dudar, y es de la propia existencia, que se establece por la capacidad de reflexionar.

Se puede ver una referencia a los antiguos griegos, que consideraban la mente o logos como el medio más importante y al mismo tiempo la meta.

A pesar de sus dudas sobre todo, o quizá debido a ellas, Descartes también fue un investigador científico, por ejemplo en astronomía, meteorología, física y matemáticas. En su filosofía, puso en duda todo lo que existía en el mundo, afirmando que nada podía probarse con certeza, por lo que posiblemente todo fuera sólo una imaginación, no sólo Dios u otras cosas intangibles, sino también cosas materiales como la casa en la que vives y la silla en la que estás sentado. En consecuencia, también tuvo que dudar de su propia existencia, pero entonces llegó a la conclusión de que debe existir porque piensa, y que pensar es, por tanto, la única verdad.

Su afirmación "Cogito ergo sum" - "Pienso, luego existo"- es mundialmente conocida y famosa. De ella se deduce que el pensamiento independiente y racional es la clave de la vida, y aunque Descartes fue inicialmente despreciado y ridiculizado por sus opiniones en la primera mitad del siglo XVII, esta única conclusión suya es la base para el desarrollo de una forma de pensar más amplia e ilustrada.

Sabiduría para llevar

"Todo lo que es meramente probable es probablemente falso".

"Porque no basta con tener una buena cabeza; lo principal es utilizarla adecuadamente".

"El conjunto de la filosofía es comparable a un árbol cuya raíz es la metafísica, cuyo tronco es la física y cuyas ramas son todas las demás ciencias".

"Si uno está demasiado ansioso por vivir en el pasado, suele permanecer muy ignorante del presente".

"Los que caminan muy despacio pero siguen siempre el camino correcto pueden llegar mucho más lejos que los que corren y se extravían".

"La duda es el principio de la sabiduría".

EMPIRISMO

Para los empiristas, el entendimiento también era importante, pero lo definían de forma diferente. El intelecto tenía límites que se situaban en lo que era posible conocer, es decir, lo que se podía investigar y demostrar empíricamente. Según ellos, lo que va más allá no debe ser objeto de trabajo filosófico, porque no tendría sentido, ya que no es tangible. Por tanto, sostenían que la investigación científica debía estar en el centro del trabajo filosófico, de forma similar a lo que había hecho antes Aristóteles. Entre los empiristas estaban John Locke y David Hume, considerado el padre de la Ilustración.

John Locke no sólo fue filósofo, sino también médico y, en ocasiones, político. Esto último le permitió conocer los acontecimientos políticos de su época e influyó en su filosofía. En sus escritos, que influyeron en las constituciones de casi todos los estados liberales, sostenía que el poder del estado debe ser compartido y que el gobierno debe velar por el bienestar de los ciudadanos en todos los asuntos, incluida su libertad. Según Locke, existen ciertos derechos y leyes naturales que todos deben respetar.

Entre ellos figuran, por ejemplo, el derecho a la libertad, el derecho a la vida y el derecho a la salud, que hoy están garantizados constitucionalmente, pero no lo estaban en la época del absolutismo. En su opinión, el objetivo más elevado de una sociedad es la consecución del estado de naturaleza, que existe cuando se han abolido todas las injusticias y prevalecen la libertad y la igualdad perfectas de todas las personas.

Sin embargo, también era de la opinión de que el pueblo no aceptaría y aplicaría estas leyes naturales por sí mismo, o no lo haría con la suficiente rapidez, y por ello consideraba necesario el estado para garantizar el cumplimiento de estas leyes y que no hubiera conflictos. El poder del pueblo debería estar garantizado por el estado legitimado por los ciudadanos en un contrato social, que se asemeja a una constitución en el sentido moderno. Para establecer un Estado así, debería haber reformas en lugar de revoluciones, ya que éstas son más fáciles de aplicar sin violencia.

En Francia, Jean-Jacques Rousseau adoptó un punto de vista aún más radical. Se refirió al contrato social propuesto por Locke, pero insistió aún más que éste en que dicho contrato se celebraba por la libre voluntad de los ciudadanos y que, por tanto, el sistema político se sostenía o se debilitaba únicamente gracias a los ciudadanos. Sin embargo, lo decisivo no era la voluntad del individuo, sino la de la comunidad, que estaba por encima tanto del Estado absolutista como de los intereses subjetivos individuales. Por tanto, según él, era decisión voluntaria del ciudadano sensato someterse al Estado por el bien de todos, pero sin renunciar a su libertad personal. Con esta idea del bien común, fue decisivamente en cuyo pensamiento se basó la Revolución Francesa, e influyó en filósofos posteriores del Estado y del Derecho como Kant, Marx y Hegel.

John Locke también desarrolló una epistemología según la cual la mente sólo se forma en el transcurso de la vida con la experiencia y no viene dada desde el nacimiento. En este sentido, era totalmente empirista, pues según él, el conocimiento, es decir, la formación de la mente, debía basarse únicamente en la experiencia empírica. Era posible un desarrollo de la mente más allá de la experiencia, pero sólo combinando lo que la mente retenía de la experiencia; en otras palabras, esto significa que la experiencia empírica es la piedra angular del pensamiento.

David Hume también sostuvo este punto de vista y lo desarrolló aún más. El origen de todo conocimiento eran las impresiones sensoriales, y todo lo que fuera más allá de eso y no pudiera probarse claramente debía rechazarse. En su opinión, no existe una personalidad fija, sino que el hombre viene al mundo como una pizarra en blanco y se forma la idea de sí mismo sólo a través de las experiencias que va acumulando.

En consecuencia, puede producirse un cambio en el ego con cada experiencia. También sostenía la opinión de que el hombre desarrolla sus pensamientos y acciones a partir de sucesos repetidos, es decir, se desarrollan hábitos a través de los cuales el hombre adquiere certeza sobre la causa y el efecto. Sin embargo, dejó claro que sólo existe certeza sobre lo que se ha percibido, es decir, lo que ya ha sucedido, mientras que las conclusiones sobre el futuro son meras especulaciones y no pueden probarse, es decir, no son la verdad. Con estas reflexiones, no sólo cuestionó la omnipotencia de Dios y de los gobernantes, sino que también planteó cuestiones interesantes para la psicología de siglos posteriores: al fin y al cabo, postuló que lo que ha sido no tiene por qué continuar ni volver a ocurrir, y por tanto ni los sistemas autoritarios tienen por qué seguir vigentes ni las malas experiencias conducen a preocuparse por el futuro.

Sabiduría para llevar

"La felicidad y la infelicidad son dos estados cuyos límites extremos desconocemos". (Locke)

"Lo que nuestro pensamiento puede concebir es apenas un punto, casi nada en proporción a lo que no puede concebir". (Locke)

"Cada paso adelante que da la mente en su camino hacia el conocimiento aporta algún descubrimiento que no sólo es nuevo, sino, al menos por el momento, el más valioso". (Locke)

"Tendríamos muchos menos conflictos en el mundo si las palabras se tomaran por lo que son: meros signos de nuestras ideas y no las cosas mismas". (Locke)

"Dichoso aquel cuyas circunstancias se adaptan a su temperamento; pero más elevado aún es quien es capaz de adaptar su temperamento a todas las circunstancias de la vida". (Hume)

"Nada es más libre que el pensamiento del hombre". (Hume)

"La belleza de las cosas vive en el alma de quien las contempla". (Hume)

"Todo efecto es un acontecimiento distinto de su causa". (Hume)

"La libertad del hombre no consiste en poder hacer lo que quiere, sino en no tener que hacer lo que no quiere". (Rousseau)

"El dinero que uno posee es el medio de la libertad; lo que uno persigue es el medio de la servidumbre". (Rousseau)

"El carácter no se revela por las grandes hazañas; es por las bagatelas como se revela la naturaleza del hombre". (Rousseau)

LA SÍNTESIS

El mayor filósofo alemán, Immanuel Kant, intentó combinar el racionalismo y el empirismo. Descubrió que ambos habían sobrestimado sus respectivos medios: los racionalistas pensaban que podían comprender más con el intelecto de lo que le era naturalmente posible, y los empiristas opinaban que todo lo que es importante para el hombre y el mundo puede establecerse con pruebas científicas.

Según Kant, la percepción y la investigación humanas terminan donde el espacio, el tiempo y la causalidad han puesto sus límites, y por eso ciertas cosas, como la libertad o Dios, no pueden demostrarse científicamente. Con el intelecto, el hombre sólo puede captar lo que se puede experimentar, pero más allá existe una "razón práctica", que consiste en deducir lógicamente, a partir del conocimiento, cómo podría ser lo que no se puede investigar. Sin embargo, esto no puede presentarse como verdad, como hicieron los racionalistas y los antiguos griegos.

En su obra más importante, "Crítica de la razón pura", planteó las cuatro preguntas autorizadas de la filosofía: ¿Qué puedo saber? ¿Qué debo hacer? ¿Qué puedo esperar? ¿Qué es el hombre? Con estas preguntas y sus respuestas, desarrolló las teorías filosóficas de sus predecesores. La metafísica, la moral, la religión y la ciencia del hombre, es decir, los temas ya explorados por los antiguos griegos, fueron los leitmotiv de su filosofía. Al hacerlo, llegó a la comprensión fundamental de que la mente era la base decisiva de todo.

Sin embargo, se refería a una mente racional que analiza racionalmente lo verdadero y lo falso, lo correcto y lo incorrecto o lo posible y lo imposible. Para él, la mente no era la base de la existencia física y mental, como para Descartes, sino la base de la participación madura en la sociedad y de la responsabilidad por la propia vida, por los semejantes y por el medio ambiente. No suponía un orden superior, como hacían los filósofos de la antigüedad griega, sino que veía al ser humano comprensivo desde dentro de sí mismo como capaz y obligado a vivir virtuosa y éticamente y, por tanto, a configurar el Estado y la sociedad de modo que prevalezcan la justicia, la libertad y la participación política para todos.

En el sentido de Platón, describió el conocimiento como un acto arriesgado, lo cual era una valoración muy realista en vista del poder estatal todavía absolutista. Por ello, su llamamiento a los ciudadanos fue "Sapere aude" - "Ten valor para usar tu propia mente". Esta frase dio la vuelta al mundo y tiene un mensaje intemporal, a saber, que no hay que escatimar esfuerzos ni riesgos para cuestionar y, si es necesario, cambiar lo existente con el fin de crear un mundo positivo para el público en general. Éste ha sido siempre el objetivo de la filosofía, tanto en Europa como en Asia, pero Kant escribió la síntesis mejor explicada y más practicable de todas las ideas hasta ese momento.

Sabiduría para llevar

"El hombre sin rumbo sufre su destino, el hombre con propósito le da forma".

"La paz es la obra maestra de la razón".

"Sin respeto no hay amor verdadero".

"Si unos quieren disfrutar sin trabajar, otros tendrán que trabajar sin disfrutar".

"Uno es rico no por lo que posee, sino por lo que sabe prescindir con dignidad. Y puede ser que la humanidad se enriquezca empobreciéndose, que gane perdiendo".

"Puede ser que no todo lo que un hombre piensa sea verdad, pues puede equivocarse, pero en todo lo que dice debe ser verdad".

El camino hacia la modernidad

El Siglo de las Luces desencadenó el desarrollo de la filosofía hasta tal punto que inmediatamente le siguieron varias corrientes nuevas, que representaban distintos enfoques y puntos de vista; entre sus representantes, algunos se dedicaban principalmente al estado y al orden social, otros principalmente al hombre y a su ser interior.

IDEALISMO

En Alemania, en particular, las máximas de Kant dieron lugar al idealismo, cuyos filósofos, entre ellos Johann Gottlieb Fichte, Friedrich W. J. Schelling y G. W. Friedrich Hegel, opinaban que la realidad se crea pensando. El mundo en que se vivía cambiaba según cómo se pensara sobre él, y los ideales constituían la base del conocimiento y la moral.

Hegel, en particular, pasó a la historia con su teoría. Llegó a la conclusión de que, en una persona y en un Estado, la mente se desarrolla de tal modo que surge una concepción absoluta de lo que es real y razonable. Sin embargo, el mundo está en un constante estado de flujo, un proceso de cambio en el que los desarrollos se construyen lógicamente unos sobre otros.

Cada acontecimiento histórico es, pues, la consecuencia necesaria y natural de la situación precedente. De este modo, el mundo se conforma en un "proceso dialéctico de cambio", a través del cual el desarrollo en su conjunto sigue progresando. Por tanto, algo malo puede convertirse en algo bueno y algo bueno puede convertirse en algo aún mejor. Hegel relacionó esta teoría, entre otras cosas, con el ejemplo de Dios, que, o más bien cuya concepción, en su opinión, no existía desde el principio en la forma que tenía en ese momento, sino que se desarrolló en el transcurso del tiempo a través del pensamiento de las personas. Según su teoría, las realidades comunes como la fe, el Estado o el orden social se forman a partir del pensamiento de todas las personas implicadas, mientras que cada persona también crea la realidad de su existencia para sí misma a través de su pensamiento.

El punto de vista de Hegel polarizó fuertemente el mundo de la filosofía - mientras Karl Marx y Friedrich Engels desarrollaban sus pensamientos sobre la lucha de clases y un orden social socialista a partir de sus ideas, se formaron dos corrientes en particular con el materialismo y el positivismo por un lado y la filosofía de la vida y la existencia por otro, que se oponían a la filosofía de Hegel pero también se contradecían entre sí.

Sabiduría para llevar

"Reconocemos el mundo de los sentidos, vivimos en el mundo suprasensible". (Fichte)

"El hombre puede hacer lo que debe; y si dice: no puedo, no lo hará". (Fichte)

"La mentira es siempre un suicidio del espíritu". (Fichte)

"El mundo exterior está abierto ante nosotros para encontrar en él la historia de nuestro espíritu". (Schelling)

"La verdadera grandeza consiste en la condescenden-
cia, en la capacidad de descender a lo más bajo sin per-
donar su majestad". (Schelling)
"La verdad de una intención es el hecho". (Hegel)
"El que quiere algo grande debe saber limitarse; el que
lo quiere todo, en cambio, no quiere nada y no consi-
gue nada". (Hegel)
"A la acción pertenece esencialmente el carácter, y un
hombre de carácter es un hombre decente que, como
tal, tiene determinados objetivos y los persigue con fir-
meza". (Hegel)

MARXISMO

Karl Marx llevó la filosofía a una nueva realidad, porque creía que no se trataba simplemente de pensar
sobre el mundo, sino de cambiarlo. El contenido principal de su obra filosófica era la situación social de la
gente de su tiempo. Vio que la mayoría de la gente tra-
bajaba duro sin obtener suficiente dinero por ello, mientras que otros pocos vivían en una gran prosperidad
sin hacer nada por ello.

Su objetivo era abrir los ojos a la injusticia social
y desarrolló una visión de una sociedad sin distinción
de clases y sin explotación. Predijo que la situación in-
justa que existía en aquel momento conduciría a la revolución del proletariado (la clase obrera) y se

establecería un estado comunista. Junto con su amigo Friedrich Engels, que en realidad era hijo del dueño de una fábrica pero estaba del lado de los obreros, elaboró la idea del comunismo hasta convertirla en un concepto político.

En esta forma de Estado, todos debían poseer lo mismo, todos debían tener los mismos derechos y todos los bienes debían ser propiedad común. Su "Manifiesto Comunista", publicado en 1848, se convirtió en el punto de partida de varias revoluciones tras su muerte y condujo al establecimiento de un estado comunista en Rusia en 1917.

MATERIALISMO Y POSITIVISMO

Esta corriente, lanzada a mediados del siglo XIX por Auguste Comte y Ludwig Feuerbach, rechazaba el planteamiento de Hegel por considerarlo demasiado especulativo. Su opinión se asemejaba al empirismo, pues ellos también opinaban que la metafísica no debía desempeñar ningún papel en la filosofía, sino que todo pensamiento debía referirse a lo que existe materialmente, pues sólo su verdad podía comprobarse positivamente.

Sin embargo, el término "material" no sólo se utiliza para referirse a las cosas físicas, sino que, en su opinión, todo está formado por materia, incluidos los pensamientos, los sentimientos y la conciencia, porque sus corrientes pueden medirse físicamente. Todo lo que no se puede medir y, por tanto, no tiene materia, no puede existir. Por esta razón, los materialistas negaban la existencia de Dios. Para Feuerbach, Dios fue sustituido por la política, que dio al hombre la posibilidad de crear en la realidad la vida que antes había soñado creyendo en Dios.

FILOSOFÍA DE LA VIDA Y DE LA EXISTENCIA

Aproximadamente al mismo tiempo, se desarrolló la filosofía de la vida en torno a Friedrich Nietzsche y Henri Bergson, entre otros, así como la filosofía de la existencia en torno a su fundador Søren Kierkegaard.

La principal afirmación de la filosofía de la vida era que hasta entonces la filosofía no había sido capaz de relacionarse realmente con la vida porque se había quedado demasiado estancada en generalizaciones, conceptualizaciones estrechas y sistemas abstractos de pensamiento. Éstos no podían, durante mucho tiempo, tener en cuenta la amplitud de la existencia humana y, en particular, los sentimientos y, en este sentido, no podían ser una verdadera ayuda para el desarrollo y la comprensión de los procesos humanos y sociales. Por ello, en su opinión, la filosofía debía ejercerse a través de la intuición y el lenguaje poético.

Los filósofos existenciales se ocuparon de la existencia humana e intentaron desentrañar cómo se desarrolla y cuál es su significado. Kierkegaard, que no sólo era filósofo, sino también teólogo y psicólogo, introdujo en la filosofía un aspecto que nunca antes se había considerado: el miedo.

Esta toma de conciencia fue probablemente la conclusión de su formación psicológica y teológica, así como de su propia melancolía heredada de su padre. Distinguió la ansiedad del miedo, ya que el miedo, en su opinión, estaba relacionado con una cosa concreta, mientras que el miedo se producía sin causa externa, y dejó claro que la ansiedad era algo completamente natural que se daba en todo ser humano. El miedo en sí no es ni negativo ni positivo, pero puede conducir al "pecado", como él lo llamaba, refiriéndose a un contexto bíblico, así como a posibilidades positivas. El miedo enfrenta a las personas a una decisión y, por tanto, es el epítome de la libertad. Según Kierkegaard, no puede haber libertad sin miedo. Cuando uno tiene miedo, se enfrenta en última instancia a la elección de cuál es la mejor manera de comportarse: O cede al miedo y se retira sin actuar, o se deja seducir para correr riesgos, o considera racionalmente cuál es la mejor manera de aprovechar la situación.

Así pues, el miedo puede considerarse el motor del desarrollo humano; cómo sea este desarrollo depende entonces de la propia persona. La subjetividad del pensamiento, los sentimientos y la toma de decisiones es también una observación central de Kierkegaard. Cada persona se ve a sí misma y al mundo de forma diferente y también actúa de forma diferente sobre esta base. Cambiar la percepción subjetiva es, por tanto, un requisito previo para utilizar el miedo como una oportunidad. Con estas observaciones, Kierkegaard proporcionó una base importante para el psicoanálisis y la terapia conductual.

Entre los filósofos existenciales estaba Martin Heidegger, que en su obra de 1927 "Ser y Tiempo" abordó la cuestión de la existencia del ser. Vio la confirmación de ésta en el hecho de que el hombre existe espacialmente, tanto en el lugar real como en el mundo, y que de esta existencia espacial resulta una existencia temporal. El filósofo actual Peter Trawny explica que lo que se quiere decir aquí es que la existencia humana implica la apertura al mundo y, a la inversa, que el hombre necesita la apertura del mundo para su existencia.

Los escritores Jean-Paul Sartre y Albert Camus también se cuentan entre los filósofos de la existencia.

Sartre (1905-1980) sostenía que el hombre es el único ser consciente de su existencia y por ello está condenado a la libertad, de modo que él mismo es responsable de sus pensamientos y acciones.

Sin embargo, en esta maldición también vio una gran oportunidad, a saber, vivir como uno quiera y crear el mundo según sus propias ideas. Según esto, uno no tiene por qué limitarse a aceptar cualquier cosa y puede cambiar tanto su propio comportamiento como la sociedad. Albert Camus desarrolló la "Filosofía del Absurdo" en 1942. Aunque no quería que se le considerara parte del existencialismo, se convirtió en ello debido a su opinión de que el mundo es fundamentalmente absurdo y carente de sentido, por lo que nunca podría ser comprensible para el hombre. El hombre podía aceptar el sentimiento de absurdo y estar espiritualmente por encima de él, de modo que conservaba su dignidad; más tarde, sin embargo, sugirió que las personas debían rebelarse contra el absurdo para conservar su dignidad. En todo esto, le preocupaba especialmente la cuestión de cómo el hombre puede actuar correctamente cuando está solo, es decir, no recibe ayuda de Dios.

Sabiduría para llevar

"La comparación es el fin de la felicidad y el principio del descontento". (Kierkegaard)

"El mundo, imperfecto como es, es sin embargo bello y rico. Pues no consiste más que en oportunidades para amar". (Kierkegaard)

"La fe consiste en aferrarse a lo incierto con apasionada convicción". (Kierkegaard)

"Hace falta valor para querer mostrarse tal como uno es en realidad". (Kierkegaard)

"Lo más alarmante de nuestra época alarmante es que aún no pensamos". (Heidegger)

"El lenguaje es la casa del ser". (Heidegger)

"¡Ríete de la vida! Quizá te devuelva la risa". (Sartre)

"Hay mucha gente en el mundo que está en el infierno porque depende demasiado del juicio de los demás". (Sartre)

"El hombre no es otra cosa que lo que hace de sí mismo". (Sartre)

LAS MUJERES EN LA FILOSOFÍA

En los últimos decenios, el desarrollo de la filosofía no se ha detenido, pero tampoco ha producido ideas revolucionarias (desde una perspectiva actual), con una excepción: recientemente, ya no se niega al género femenino la capacidad de filosofar.

Por mucho que los filósofos de los últimos milenios se ocuparan de explorar el sentido y el sinsentido, el ser y el no ser, la justicia y la injusticia, la sabiduría y la ignorancia, la mayoría de ellos no pudieron salir del arraigado pensamiento de su época con respecto a los roles de género. Las mujeres no eran capaces de ser filósofas, postulaban incluso quienes no eran explícitamente misóginos. Pocas excepciones fueron, por ejemplo, Pitágoras, que enseñaba tanto a hombres como a mujeres en sus enseñanzas, y John Stuart Mill, que fue el primer parlamentario europeo que exigió que hombres y mujeres tuvieran los mismos derechos.

Esto no significa que no hubiera mujeres filósofas, sino que no se las escuchaba y probablemente la mayoría de ellas siguen siendo desconocidas hasta hoy. La evolución general de la historia reciente, en la que la igualdad está garantizada constitucionalmente y los movimientos feministas han provocado una revolución en el pensamiento (de muchas, pero ni mucho menos de todas), tiene como consecuencia lógica que las mujeres también sean aceptadas en la filosofía.

Sin embargo, al igual que no existe igualdad de ingresos ni una distribución equilibrada de ambos sexos en todos los grupos profesionales, el proceso de desarrollo de la filosofía se ha iniciado, pero aún está muy lejos de alcanzar su meta. Para hacer justicia a las mujeres en la filosofía, me gustaría concluir presentando a algunas de las pocas filósofas conocidas:

Hipatia de Alejandría fue la única filósofa, matemática y astrónoma famosa de la antigua Grecia. Fue célebre como pensadora ingeniosa y científica y fue la única mujer que enseñó sus doctrinas públicamente. Entre otras cosas, estableció ya entonces que la Tierra orbita alrededor del Sol. Sin embargo, sus conocimientos cayeron en el olvido durante casi dos milenios tras ser cruelmente asesinada.

Émilie du Châtelet fue una matemática y filósofa de principios de la Ilustración. Era de la opinión de que todo el mundo podía hacer algo por su felicidad, independientemente de su clase social. Consideraba que la búsqueda de la educación era un aspecto central de la felicidad. También criticó el papel de la mujer en aquella época e insistió en que las mujeres debían tener los mismos derechos que los hombres.

Hannah Arendt estudió filosofía con Martin Heidegger y otros. Cuando los nacionalsocialistas llegaron al poder en Alemania en 1933, la joven filósofa judía huyó a EEUU. En sus escritos, abordó en particular los derechos humanos de los refugiados políticos, la violencia política y sus orígenes, la incomprensibilidad del mal y el significado del trabajo.

Simone de Beauvoir fue compañera de Jean-Paul Sartre, a quien había conocido durante sus estudios. Originalmente individualista, tras haber sido prisionera de guerra en Alemania, desarrolló pensamientos existencialistas y también la ambición de utilizar su filosofía con fines solidarios, sociales y políticos. A diferencia de Sartre, en el existencialismo también pensó en la moral. Sin embargo, no se veía a sí misma principalmente como filósofa, sino como escritora.

Sabiduría para llevar

"Un sentimiento es un compromiso que trasciende el momento". (de Beauvoir)

"No se nace mujer, se hace". (de Beauvoir)

"Un mundo que ha de tener espacio para lo público no puede construirse para una sola generación ni planificarse sólo para los vivos; debe trascender la duración de la vida de los hombres mortales". (Arendt)

"La triste verdad es que la mayor parte del mal lo hacen personas que no han decidido entre el mal y el bien". (Arendt)

"Para ser feliz, uno debe haber dejado de lado sus prejuicios y conservar sus ilusiones". (du Châtelet)

"Elijamos por nosotros mismos nuestro camino en la vida e intentemos sembrarlo de flores". (du Châtelet)

"Comprender las cosas que están delante de nuestra puerta es la mejor preparación para comprender las que están detrás de ella". (Hypatia)

"Defiende tu derecho a pensar. Pensar y equivocarse es mejor que no pensar". (Hypatia)

Ejercicios filosóficos y consejos para la vida cotidiana

Aquí tienes ahora los consejos y ejercicios prometidos al principio, con los que podrás integrar el pensamiento y la acción filosóficos en tu vida cotidiana. Son sólo algunas ideas que, al mismo tiempo, pueden inspirarte para desarrollar tus propias ideas de ejercicios filosóficos, totalmente en el espíritu de la filosofía, en la que nada es concluyente.

ESCRIBIR PENSAMIENTOS

Si los filósofos antiguos y más recientes no hubieran dejado constancia por escrito de lo que desarrollaban en su mente, hoy nadie sabría nada de su filosofía. Algunos, como Kierkegaard, incluso llevaban diarios.

Esto tiene sentido, porque todo pensamiento tiene lugar en la cabeza, pero ocurre tan deprisa y a menudo se superpone a otros pensamientos que mucho se pierde o se desorganiza si intentas captarlo sólo en tu cabeza. Escribir tus pensamientos puede ayudarte a organizarlos, estructurarlos y reconocer las conexiones para que puedas desarrollarlos mejor. Además, así no sólo reconoces tus propios procesos internos para comprenderte mejor a ti mismo, sino que ya tienes una colección escrita por si en algún momento se te ocurre compartir tus pensamientos con el mundo.

Puesto que el pensamiento no suele surgir o desaparecer cuando se te ordena, sino que a menudo los pensamientos pasan por tu mente de forma repentina e inesperada, te recomiendo que lleves siempre contigo un pequeño cuaderno y un bolígrafo. Aunque la escritura a mano se ha vuelto "out" hoy en día, está más en consonancia con el espíritu tradicional de la filosofía y las notas se conservan aunque falle la tecnología.

No es necesario que lleves un diario constante, porque puede que durante unos días no se te ocurra nada que merezca la pena escribir filosóficamente, y suele ocurrir que la alegría de algo se echa a perder por obligación. Así que lleva tu cuaderno contigo y escribe siempre que te vengan los pensamientos.

DISCUTE

Otro método que se remonta a los orígenes de la filosofía es la discusión. Si los filósofos de opiniones iguales y diferentes no hubieran hablado entre sí sobre sus pensamientos, entonces cada uno habría desarrollado sus propias teorías sólo para sí mismo (lo cual, hay que reconocerlo, también ocurría en parte).

Mediante el intercambio con los demás, es posible desarrollar los propios pensamientos incluyendo aspectos en los que uno mismo no ha pensado. También es posible contemplar las propias teorías desde una perspectiva diferente porque uno escucha las opiniones de los demás sobre ellas. Es cierto lo que se dice: "Muchos cocineros estropean el caldo", pero esto sólo es cierto en aquellos ámbitos de la vida en los que no se pueden aplicar ideas diferentes al mismo tiempo, como en la cocina, el trabajo manual o la educación. En la ciencia, sin embargo, y especialmente en la filosofía, las ideas y los enfoques diferentes son un enriquecimiento, ya que pueden avanzar unos sobre otros y desarrollar una variedad de resultados.

Y por último, pero no por ello menos importante, es divertido debatir con amigos las cuestiones que te preocupan. Así que busca a una o varias personas de tu entorno que también estén interesadas en la filosofía y sentaos regularmente en pequeños grupos de debate para intercambiar vuestras ideas.

VIVIR CON COMPRENSIÓN

"Ten el valor de utilizar tu propia mente": esto no sólo se aplica a la política y a la sociedad, sino también a tu propia vida. La mayoría de la gente simplemente vive su vida sin reflexionar sobre sí misma. Esto es motivo de descuido respecto a la propia salud, el estado mental y el sentido de la vida.

Se piensa, se siente y se actúa, pero de forma incontrolada, o mejor dicho, de forma erróneamente controlada. Si no piensas en tus propios pensamientos y sentimientos, esto sucede según ciertos patrones que se imprimen inconscientemente en el transcurso de tu vida a través de las experiencias. Estos patrones determinan entonces lo que piensas y sientes en según qué situaciones y cuál es tu estado de ánimo general. Del mismo modo, la actuación tiene lugar según secuencias esquemáticas e inconscientes. Lo haces así porque siempre lo has hecho así o porque los demás también lo hacen así.

Estas limitaciones internas y externas arraigadas te gobiernan, igual que los ciudadanos eran gobernados por los monarcas en los tiempos del absolutismo. No eres consciente del hecho de que tus arraigados esquemas tienen en parte un efecto perjudicial en tu vida o simplemente no se corresponden con lo que realmente deseas en tu ser interior, y por eso no los cambias, aunque tengas la vaga sensación de que no estás satisfecho con algo de tu vida. Por tanto, siempre que pienses, sientas o hagas algo, pregúntate ¿Por qué pienso, siento o hago esto? ¿Realmente lo quiero? ¿Qué quiero en su lugar? ¿Cómo puedo conseguirlo? Estas preguntas son la base de una vida autodeterminada.

CAMBIAR O ACEPTAR

Una sabiduría importante que se remonta al estoicismo es: tienes que aceptar las cosas que no puedes cambiar. De lo contrario, te agotarás con los constantes pensamientos negativos, te desesperarás y te volverás infeliz. En lugar de malgastar tu energía en pensamientos sobre acontecimientos inmutables, deberías emplearla en cosas más significativas.

Esto no significa que debas aceptar todo lo que te ocurre a ti y en el mundo sin contradicciones. El lema es: "Cambia lo que no puedas aceptar y acepta lo que no puedas cambiar". Así pues, si te molesta o entristece una condición de tu propia vida, de tu entorno o de los asuntos del mundo, piensa si está en tu mano cambiarla. Si la respuesta es "sí", piensa constructivamente en lo que puedes hacer para lograr un cambio positivo. Si la respuesta es "no", entonces hazte amigo de la situación, porque si algo no puede cambiarse, según las antiguas enseñanzas forma parte del curso universal de las cosas, que tiene un significado superior que los humanos no siempre comprendemos.

En lugar de caer en pensamientos negativos y pensar inútilmente en cómo podrías cambiar lo inmutable, piensa en cambio en cómo puedes vivir mejor con este estado para que no tenga desventajas para ti. Recuerda siempre: la mayor desventaja son los propios pensamientos negativos, porque te hacen sentir mal e impotente. Por lo tanto, debes centrar tus pensamientos en aspectos positivos de la situación o en objetivos positivos que puedan alcanzarse a pesar de la situación.

CONSIDERA LAS CONSECUENCIAS DE TU COMPORTAMIENTO

"Haz a los demás lo que quieras que te hagan a ti", dice un viejo proverbio citado por Kant. Para garantizar más justicia y un mundo sosteniblemente mejor, y para estar en paz contigo mismo, esta máxima debería ser tu compañera constante.

Cada comportamiento de una persona puede potencialmente causar daño a otras personas o al mundo; hay que ser consciente de ello. No todo puede tenerse en cuenta y algunas cosas son inevitables, pero uno puede adaptar sus acciones para que causen el menor daño posible. Por ejemplo, dañamos el medio ambiente en nuestras rutinas diarias al utilizar agua, electricidad, calefacción, productos fabricados en fábricas y al conducir automóviles, aunque no notemos directamente nuestro impacto.

No puedes evitarlo todo, pero puedes, por ejemplo, asegurarte de no derrochar recursos, obtener electricidad de fuentes renovables, conducir un coche económico y lo menos posible, y no tirar cosas innecesariamente y comprar otras nuevas. Es importante que pienses en las consecuencias que tus propias acciones podrían tener para otras personas y para la naturaleza, de modo que puedas ir por la vida con más conciencia y reducir así la probabilidad de que causes realmente un daño. No hay certeza al respecto, pero el comportamiento responsable en sí mismo también cuenta. En particular, por supuesto, es importante no dañar intencionadamente a nadie ni a nada, por ejemplo, no agredir física o verbalmente a nadie, discriminar o arrojar basura al paisaje.

RECONOCER LA INJUSTICIA - MOSTRAR COMPROMISO

Aunque muchos filósofos y otras personas de nuestra época han intentado hacer del mundo un lugar justo, dista mucho de serlo, no sólo en sentido global, sino también en nuestra propia puerta. Por tanto, un tema de tus pensamientos filosóficos debería ser reflexionar sobre dónde existe la injusticia en todas partes, empezando por tu entorno inmediato hasta el mundo global, cómo se manifiesta y cómo podría reducirse.

Las injusticias no son sólo las desigualdades sociales, las violaciones de los derechos humanos o la explotación, sino también, por ejemplo, el acoso entre compañeros o el abandono de animales en la autopista. Tú mismo puedes poner fin a muy pocas de las condiciones injustas, pero puedes plantearte cómo contribuir a un mundo más justo dentro de tus posibilidades. Por ejemplo, puedes ayudar en un proyecto social en tu barrio, comprar productos de comercio justo, donar dinero a una organización protectora de animales o asegurarte de que nadie de tu círculo de conocidos y colegas sea excluido o insultado.

Al mostrar compromiso con la justicia, no sólo mejoras el mundo, sino también tu autoestima, ya que haces algo significativo por los demás.

REFLEXIONAR SOBRE LO QUE REALMENTE IMPORTA EN LA VIDA

El hombre pasa mucho tiempo persiguiendo el dinero y las cosas materiales y compitiendo por el reconocimiento de sus iguales. También se atasca a menudo en pensamientos negativos sobre el pasado y se preocupa por el futuro. Así, casi nunca está satisfecho, porque se preocupa sobre todo de lo que le causa malos sentimientos y de lo que supuestamente tiene que conseguir. Entre los pensamientos aburridos sobre el pasado y el futuro, prácticamente no hay espacio para el momento que estás viviendo, y mientras te apresuras tras los "valores" externos, te olvidas de tu yo interior y de los dones intangibles de la vida.

Por tanto, debes adentrarte en ti mismo y darte cuenta de lo que es realmente importante para ti, independientemente de la opinión que hayas adquirido a través de las opiniones sociales generales. Los antiguos filósofos griegos y chinos ya lo sabían: la felicidad no reside en lo externo, ni en lo material, ni en el pasado ni en el futuro. Sólo en el propio ser interior, en los valores inmateriales constantes que son independientes de los cambios externos y en el momento presente, se puede encontrar y experimentar la felicidad.

RECONOCER Y DETENER LA DESHONESTIDAD

"Puede que no todo lo que un hombre piensa sea verdad, pues puede equivocarse, pero en todo lo que dice debe ser veraz", reconocía Kant, y Fichte sabía que mentir es un "suicidio del espíritu". La verdad siempre ha desempeñado un papel importante en la filosofía, por un lado como meta de la ciencia y del conocimiento del ser, y por otro como aspecto central de la virtud.

Una vida virtuosa implica no sólo acciones justas y moralmente correctas, sino también sinceridad y valentía. Demuestras ambas cosas cuando eres sincero, tanto con los demás como contigo mismo. Las mentiras se utilizan sobre todo para obtener una ventaja o evitar una desventaja, o te engañas a ti mismo porque no puedes enfrentarte a la verdad.

Ser honesto es ser valiente en el sentido de que admites ante ti mismo y ante los demás que has hecho algo mal o que no estás de acuerdo. Tienes que aceptar las críticas, enmendar tu error si es necesario y tener la sensación de encogerte un poco y ser menos "bueno". En realidad, sin embargo, esto te hace mejor y más grande porque muestras respeto por los demás, vences tu miedo a salir perjudicado y afrontas los hechos, lo que también puede significar que tienes que trabajar en ti mismo y esforzarte por hacerlo. Para practicar, haz examen de conciencia y piensa en las situaciones en las que tiendes a mentir a los demás o a ti mismo e intenta evitarlo en el futuro.

EDUCACIÓN Y AMPLIACIÓN DE HORIZONTES

Recordarás que filosofía significa "amor a la inteligencia". La mente de un filósofo rara vez se detiene y cuando no está reflexionando sobre el ser o el sentido del mundo, está investigando y formándose, porque cuanto más sabes, más puedes comprender.

Para ello no necesitas desarrollar nuevas fórmulas matemáticas o estudiar física cuántica, sino que se trata de cualquier ampliación de conocimientos. Por ejemplo, puedes aprender sobre otras culturas, leer libros de no ficción sobre diversos temas o simplemente escuchar las noticias, pensar críticamente sobre ellas y desarrollar tu propia opinión. También puedes experimentar activamente la educación viajando a otros países, visitando museos o preguntando a personas mayores sobre acontecimientos históricos de los que hayan sido testigos. También puedes preguntar a amigos y conocidos sobre sus distintas profesiones y creencias, o puedes ir de excursión a la naturaleza, observar los animales y las plantas y pensar en cómo se ha desarrollado esta vida natural a lo largo de millones de años en nuestro planeta.

Conclusión: pienso, luego existo, ¿o no?

El pensamiento como clave de la existencia: éste es probablemente el gran punto en común entre (casi) todos los filósofos, aunque con interpretaciones muy diferentes. Descartes consideraba sus movimientos de pensamiento como una prueba de que era un ser real y no sólo un producto de la imaginación hecho de aire.

David Hume dijo que el pensamiento es la mayor libertad que puede tener un ser humano, en una época en la que la libertad humana se reconocía como un aspecto esencial de la existencia. Buda llegó a decir que el hombre se crea a sí mismo y al mundo con su pensamiento, tesis que también retomaron el idealismo y el existencialismo.

Kant consideraba que la aplicación del intelecto, es decir, del pensamiento racional, era la base para que los ciudadanos cambiaran la sociedad -y, por tanto, también su existencia- en su propio sentido. Platón entendía el pensamiento como la forma más elevada de comunicación y autodescubrimiento, en última instancia debía ser un "soliloquio del alma". Hipatia sabía que el libre pensamiento es un derecho al que no se debe renunciar a ningún precio.

Si pensamos como materia física, como alma (con o sin materia) o simplemente como imaginación de nosotros mismos seguirá siendo probablemente una cuestión filosófica eternamente discutida. Al final, no importa, porque "nosotros", sea lo que sea, pensamos. Por tanto, algún "ser" nuestro debe existir, aunque sólo sean los propios pensamientos.

Cómo quieras definir "pensar" y sobre qué cuestiones y temas piensas depende totalmente de ti. Los filósofos de épocas pasadas también pensaban simplemente lo que querían y cómo querían pensar: ésa es la naturaleza de la filosofía. Sin embargo, como un hilo común que atraviesa las épocas de la historia y las diversas culturas, está el objetivo de comprender mejor el ser y el mundo, y la intención de hacer de uno mismo una persona mejor y del mundo un lugar mejor. En este sentido, citando una vez más a Kant Ten valor para utilizar tu intelecto.

www.ingramcontent.com/pod-product-compliance
Lightning Source LLC
Chambersburg PA
CBHW051244160726
47994CB00003B/1013